분홍 모자

글·그림 앤드루 조이너 | 옮김 서남희 | 해설 김지은

처음에는 모자가 없었어요.

 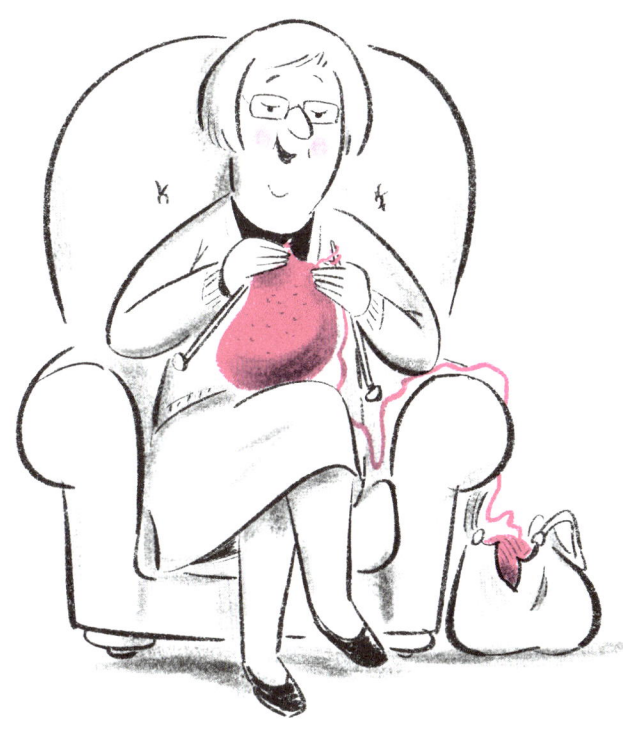

생겨났어요.

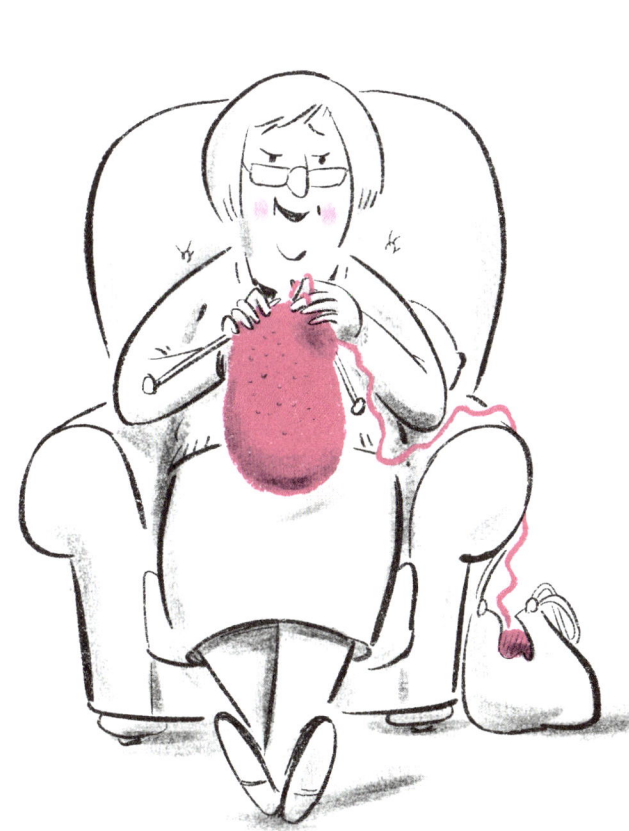 

분홍 모자였어요.

포근한 분홍 모자.

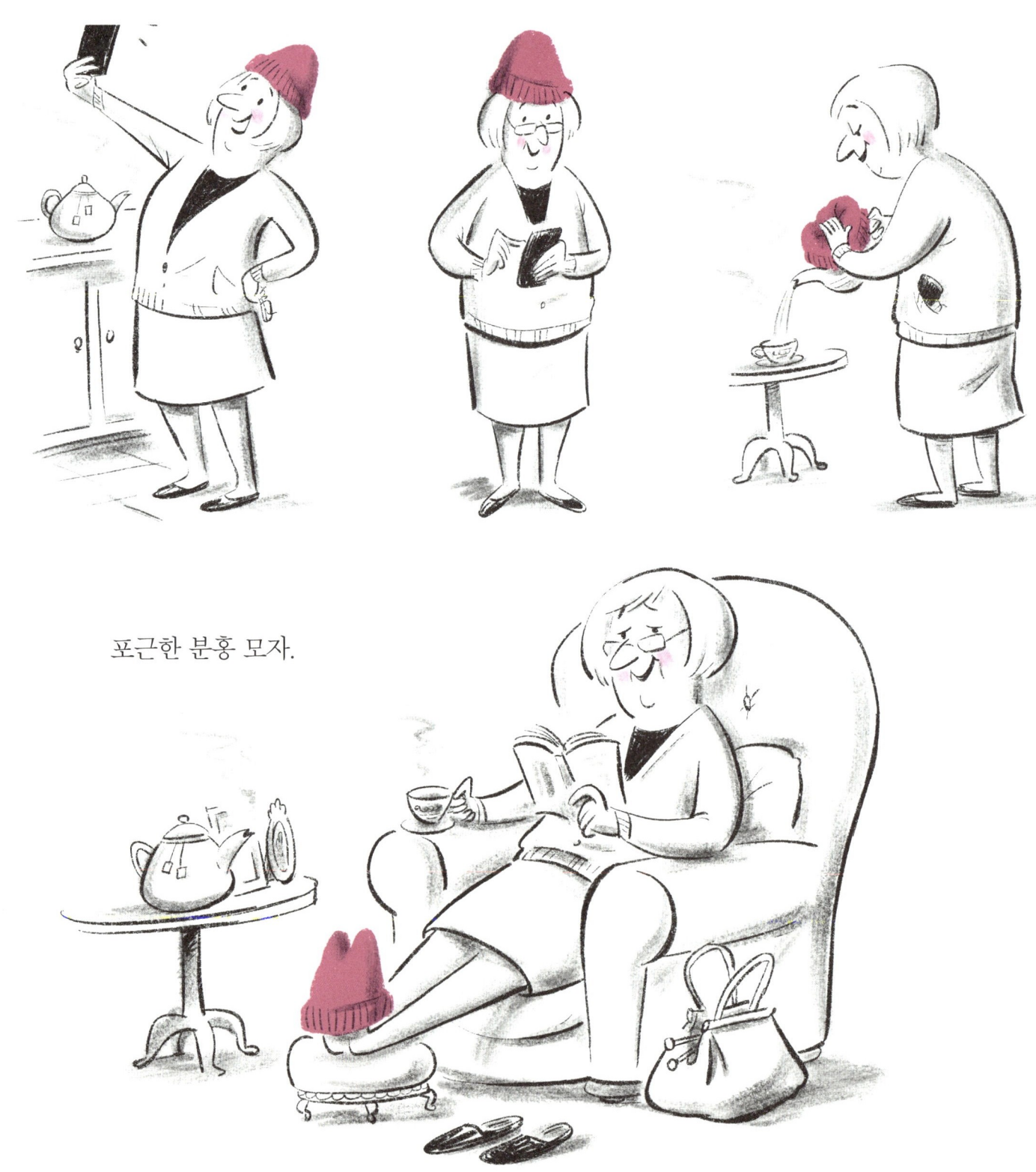

그러다가 다음에……

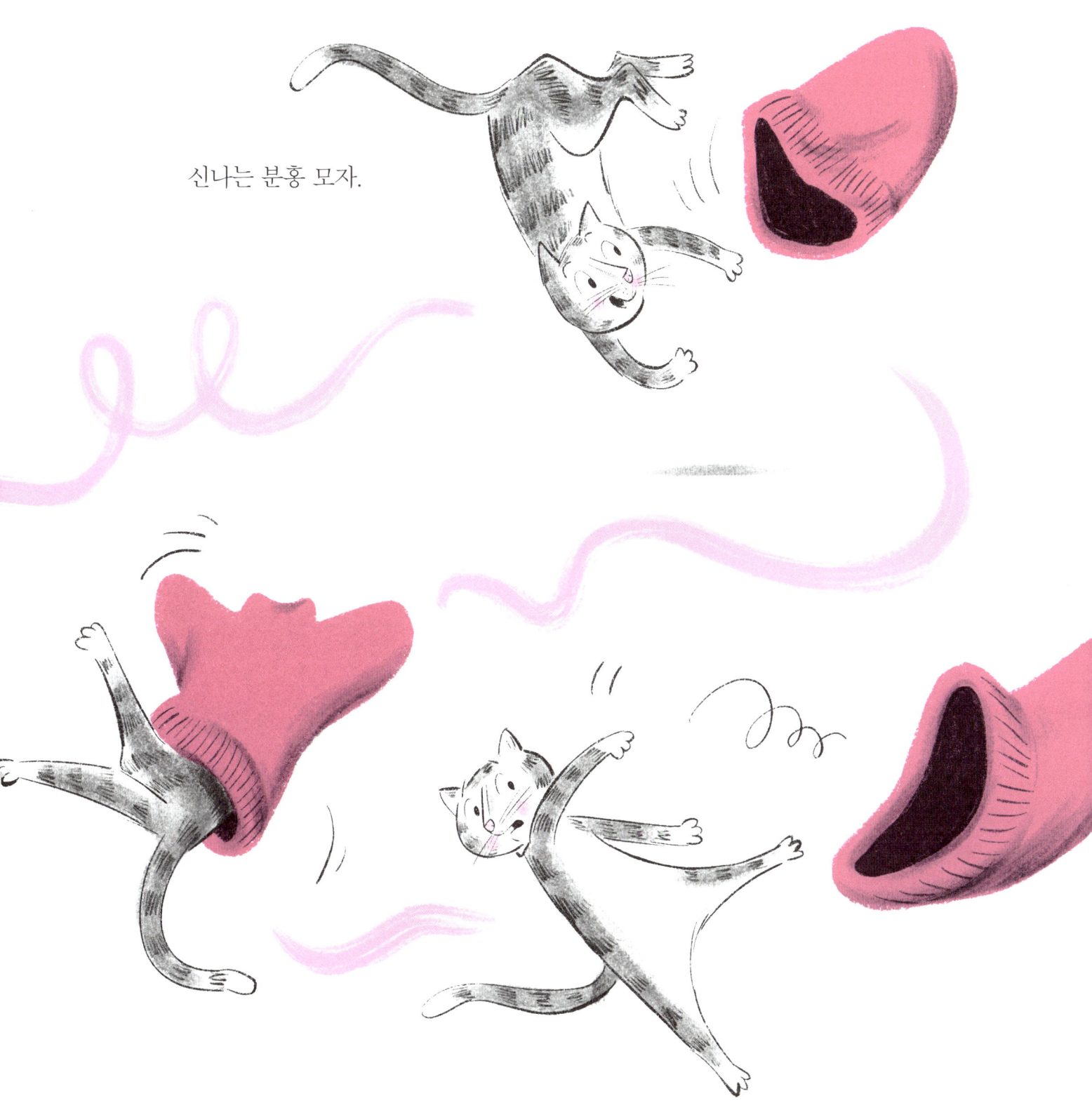
신나는 분홍 모자.

그러다가 다음에……

아이들이 그 모자를 발견했어요.

닿기 힘든 모자였어요.

닿기 힘든 분홍 모자.

그러다가 다음에……

아기가 그 모자를 잡았어요.

따스한 모자였어요.

따스한 분홍 모자.

개가 그 모자를 낚아챘어요.

그러다가 다음에……

여자아이가 모자를 구했어요.

여자아이는 모자를 빨았어요.

모자를 말렸지요.

그런 다음 모자를 썼어요.

여자아이는 모자를 이렇게도 썼어요.

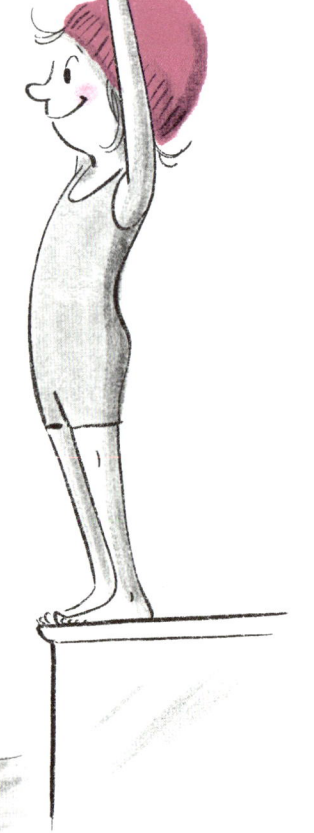

저렇게도.

요렇게도.

그러다가 다음에……

여자 아이가 분홍 모자를 쓰고 나갔더니,

다른 사람들도 모두 쓰고 있었지요!

명사와 함께 읽는 철학동화

생각을 바꾸고 세상을 바꾸는 분홍 모자의 물결

한 권의 그림책은 가볍습니다. 좋은 그림책이 만들어 내는 감동의 무게는 얼마나 될까요? 꿈쩍도 하지 않던 생각이 그림책을 읽고 조금씩 흔들립니다. 덕분에 용기를 얻은 독자는 현실에서도 한발 더 내디딥니다. 어쩌면 그림책 한 권은 세상을 바꿉니다.

《분홍 모자》는 가볍고 따스한 털모자 하나에 얽힌 이야기입니다. 평온하게 보이는 어느 동네가 배경입니다. 창가에서는 고양이가 웅크리고 앉아 졸고 있고 옆집 여자 어린이는 바이올린을 켭니다. 아직 이 동네에는 분홍 모자가 없습니다. 창밖을 바라보던 아주머니 한 분이 분홍색 털실로 모자를 뜨기 시작합니다. 이 분홍 모자는 뜨거운 찻주전자를 들고 찻물을 따를 때도, 책 읽는 동안 발등이 시릴 때도 두루두루 쓸모가 많았습니다. 그런데 이 댁 고양이가 아주머니의 발등에 놓인 모자를 슬쩍 낚아채면서 어여쁜 분홍 모자는 뜻밖의 여행을 떠나게 됩니다.

장난꾸러기 고양이는 길가 나무 위로 모자를 떨어뜨리고 그걸 집으려고 나무에 오른 곱슬머리 어린이는 손이 닿을까 말까 하는 순간에 모자를 놓칩니다. 때마침 지나던 유모차에 내려앉은 분홍 모자는 젖먹이 아기와, 날쌘 바둑이를 거쳐 공원 호숫가에 다다릅니다. 그때 한 여자 어린이가 분홍 모자의 새로운 주인이 됩니다. 이런 우연이 또 있을까요. 아마도 첫 장면에서 바이올린을 켜던 그 이웃집 어린이인 것 같습니다. 먼 길을 돌아 바로 옆집에 도착한 셈이에요. 길을 잃었던 흙투성이 분홍 모자는 여자아이와 집으로 돌아오는 버스에 올라탑니다. 세탁기를 한 바퀴 돌고서 고슬고슬한 모습으로 소녀의 둘도 없는 친구가 됩니다. 운동장에서 야구를 하거나 권투를 하거나 수영장에서 다이빙을 할 때도 늘 함께합니다. 잔디밭에 누워 하늘을 볼 때는 베개가, 술래잡기를 할 때면 눈가리개가, 그림을 그리러 갈 때는 붓을 담는 주머니가 되어 줍니다. 그리고도 분홍 모자에게는 놀라운 역할이 하나 더 남아 있습니다.

이 그림책의 마지막 비밀은 여자 어린이의 방에 놓인 1월 21일자 달력에 숨겨져 있습니다. 2017년 1월 21일은 세계 곳곳에서 500만 명의 여성이 행진을 벌인 날입니다. 미국 대통령 도널드 트럼프의 취임식 다음 날이었던 이날, 거리에 수많은 여성들이 쏟아져 나와 여성 인권의 중요성을 외치고 인종 차별에 저항하는 시위를 벌였습니다. 미국의 워싱턴 D.C.를 비롯해 영국, 프랑스, 체코, 덴마크, 스웨덴, 오스트레일리아, 뉴질랜드, 일본 등에서 수많은 여성들이 함께했으며 우리나라에서도 수천 명의 여성들이 서울 강남역에 모여 '세계여성공동행진(Woman's

March)'의 이름을 걸고 여성 인권에 관한 구호를 외쳤습니다. 이 자리에는 유치원에 다니는 여자 어린이부터 휠체어를 탄 할머니까지, 남녀노소를 가리지 않고 모두가 함께했습니다. 어떤 장벽도 이 자유로운 물결을 막을 수는 없었습니다.

이날 공동행진에 참여하는 사람들은 너도나도 손뜨개로 만든 분홍 모자를 썼습니다. 이 작고 가벼운 털모자는 여성들의 행진 현장을 거대한 '분홍의 바다'로 만들자는 아이디어와 함께 전 세계로 퍼져 나갔습니다. 분홍은 여성의 건강과 여성의 권리를 상징하는 색으로 유방암 캠페인을 벌일 때도 이 색을 사용하지요.

세계여성공동행진과 관련해 처음 분홍 모자 뜨개질을 시작한 것은 미국 로스앤젤레스에 사는 크리스타 서와 제이나 츠바이먼이라는 두 여성입니다. 함께 뜨개질 수업을 듣던 둘은 당시 대통령 후보 트럼프가 여성의 몸을 함부로 낮추고 얕보는 발언을 하는 것을 지켜보게 되었습니다. 분노한 그들은 여성의 권리를 지지하는 연대의 표시로 '고양이 귀를 닮은 털모자(cat-eared knit hat)'인 '푸시햇(pussy hat)'을 뜨자고 제안했습니다. 이 모자는 디자인이 단순해서 누구나 쉽게 뜰 수 있었지요. 게다가 고양이를 뜻하는 'pussy'는 트럼프가 여성의 신체 일부를 속되게 표현하며 사용한 단어이기도 해서 그의 성차별적인 발언에 대한 강력한 저항을 나타낼 수도 있었습니다. 또한 털실로 만들어진 부드러운 모자는 여성들이 자신의 권리에 대해서 거리낌 없이 이야기를 나눌 수 있는 편안하고 따뜻한 공간을 상징합니다. 그들은 분홍 털모자 하나에 여성의 권리에 대한 문구 하나씩을 적어 친구에게 선물하기 시작했습니다. 미국 서부에서 시작된 두 친구의 제안은 '#푸시햇프로젝트(PussyHatProject)'라는 이름의 해시태그 운동이 되었고, 소셜 네트워크 서비스를 통해서 빠르게 퍼져 나갔습니다.

이 그림책은 두 가지 의미로 읽을 수 있습니다. 먼저, 작은 분홍 모자가 넓은 세상으로 여행을 떠나 이것저것 재미있는 구경을 하다가 자신을 사랑해 주는 새 친구를 만나 든든한 우정을

쌓는 이야기입니다. 어떤 용감한 도전도 두려워하지 않고 같이 해 주는 분홍 모자는 우리가 바라는 친구의 모습이 무엇인지 보여 줍니다. 두 번째는 2017년 1월 21일을 계기로 확산된 여성들 사이의 연대와 인권의 소중함에 대한 이야기입니다. 분홍 모자를 만든 사람은 돋보기를 써야 뜨개질을 할 수 있는 중년의 여성입니다. 모자는 그의 정성스러운 손길을 떠나 미래의 동료가 될 어린 여성의 손에 도착합니다. 두 사람은 보이지 않는 끈으로 연결되어 있었고 알고 보니 바로 이웃에 살고 있었습니다.

분홍 모자의 동료들은 이 그림책의 시작부터 끝까지 구석구석에 존재합니다. 그리고 그들은 공동행진 장면에서 분홍 모자를 쓰고 한꺼번에 등장합니다. 버스에 함께 타고 있던 승객들 중에도 많습니다. 히잡을 두른 아기 어머니, 스마트폰을 들여다보던 곱슬머리 여성, 모자를 잡기 위해 나무에 올랐던 어린이, 유모차의 아기, 무엇보다 이 모자를 만든 이웃집 아주머니도 행진 속에 있습니다. 분홍 모자의 물결 속에서 숨은 그림을 찾는 것처럼 한 사람 한 사람을 발견해 보세요. 뒤표지의 주인공이 붓을 들고 그렸던 것이 무엇인지도 그림책 속에서 미리 찾아볼 수 있습니다. 1월 21일, 책상에 놓여 있던 팻말에는 어떤 문장이 쓰여 있었던 것일까요. 정답은 '여자아이의 힘'입니다. 우리가 주인공이었다면 어떤 문장을 적은 팻말을 들고 행진에 참여했을까 생각해 보는 것도 재미있을 겁니다.

여성의 권리는 인권입니다. 성별은 어떤 사람의 가능성과 역할을 제한하거나 통제하는 기준이 될 수 없습니다. 주인공이 마음껏 야구를 하고 샌드백 앞에서 글러브를 끼는 것처럼 남녀 모두에게는 자신이 원하는 일을 할 수 있는 자유와 권리가 있습니다. '여자이기 때문에 안 된다.'는 말은 옳지 않습니다. 그림책 속 분홍 모자의 물결을 보면서 우리도 생활 속의 차별에 대해서 한 번 더 생각해 보는 시간을 가졌으면 좋겠습니다.

아동문학평론가 김지은

작가의 말
우리를 앞으로 나아가게 하는 모든 여성들을 위해

　내게는 '세계여성공동행진'이 앞으로 나아가는 길로 여겨졌습니다. 참여한 모든 여성들과 어린이들과 남성들이, 하루 전만 해도 불가능하게 보였던 미래를 향해 길을 터 준 것 같았거든요. 나는 그 행진의 창의성과 상상력과 지성을 사랑했습니다. 그 행진은 가볍고 재기발랄한 것(고양이 귀 모양의 분홍색 뜨개 모자)을 여성주의의 힘찬 상징으로 바꾼, 기발하고 독창적인 광경이었지요.

　당시에 나는 이것을 그림책으로 발전시킬 생각은 전혀 하지 못했어요. 영감은 직선으로 쭉 뻗은 길만을 택하지는 않지요. 《분홍 모자》의 아이디어는 14살짜리 아들과 남성성과 역할 모델에 대한 이야기를 나누다가 반짝 떠올랐답니다. 처음에는 분홍 모자를 발견하고 행진에 참여하는 주인공을 소년으로 설정했어요. 그러나 이 이야기의 중심은 아무리 보아도 소녀였지요. 왜냐하면, 분홍 모자를 쓴 여자아이가 행진하는 것을 그리는 순간 이 책이 제대로 된 모습을 갖추기 시작했거든요. 소녀 덕분에 이야기에 힘이 실리고 초점이 명확해졌어요.

　나는 《분홍 모자》를 '우리를 앞으로 나아가게 하는 모든 여성들'에게 바칩니다. 나는 우리 사회가 여성주의 없이는 발전할 수 없다고 생각합니다. 이 세상이 후퇴하는 것처럼 보일 때 '세계여성공동행진'은 내게 희망을 보여 주었습니다. 어떤 의미에서 이 책은 내가 감사를 표현하는 방식이기도 합니다. 2017년 1월 21일, 미국 워싱턴에부터 대한민국 서울까지 전 세계 곳곳에서 행진했던 모든 이들께 감사합니다.

　그리고 특별히 한국의 모든 여성들과 소녀들에게, 그리고 그들의 평등과 자유를 위해 행진하고 일하고 운동을 펼쳐 가는 모든 이들께 감사합니다. 미래는 여러분들의 것입니다!

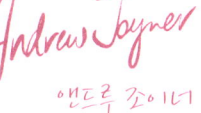
앤드루 조이너

키얼스턴과 리, 벡에게 사랑과 감사를 담아

분홍 모자

초판 1쇄 발행 2018년 1월 25일
초판 8쇄 발행 2025년 9월 15일

글·그림 앤드루 조이너 | 옮김 서남희 | 해설 김지은
발행 이마주 | 등록 2014년 5월 12일 제396-251002014000073호
내용 및 구입 문의 02-6956-0931
이메일 imazu7850@naver.com | 블로그 blog.naver.com/imazu7850
제조국명 대한민국 | 사용연령 4세 이상 | 주의사항 날카로운 책장이나 모서리에 주의하세요
ISBN 979-11-957188-9-4 74800

The Pink Hat
Copyright © 2017 by Andrew Joyner
All rights reserved.
Korean translation copyright © 2018 by IMAZU
This Korean edition was published by IMAZU by arrangement with Schwartz & Wade Books,
an imprint of Random House Children's Books, a division of Penguin Random House LLC
through KCC(Korea Copyright Center Inc.), Seoul.
이 책은 (주)한국저작권센터(KCC)를 통한 저작권자와의 독점계약으로 이마주에서 출간되었습니다.저작권법에
의해 한국 내에서 보호를 받는 저작물이므로 무단전재와 복제를 금합니다.
잘못된 책은 구입하신 곳에서 바꾸어 드립니다.